EINFACH GUT

Sabine Kieslich (Hrsg.)

Cocktails und Drinks

Inhalt

Vorwort _____ 3

Cocktails und Drinks aus aller Welt _____ 4
Longdrinks zum Verwöhnen _____ 30
Erfrischendes ohne Promille _____ 42

Rezeptverzeichnis _____ 64

Vorwort

Für gesellschaftliche Anlässe, Feiern im Freundes- oder Familienkreis oder einfach nur zur Bereicherung des Alltages sind raffinierte Cocktails und Drinks das berühmte Tüpfelchen auf dem i.
Alkoholika jeder Art werden meist in einer speziellen Mischung pur genossen, bevorzugt aber auch mit Tonic, Cola, Sodawasser und anderem verlängert. Liebevoll gemixte Drinks werden außerdem mit Zitronen, Orangen, eingelegten Maraschinokirschen, Oliven, Zucker, Honig, Puderzucker, Eiern, Sahne, Fruchtsäften, Tomatensaft, Muskatnuß, Pulverkaffee und frischen Pfefferminzzweiglein variiert.
Bei den Cocktailzutaten findet sich häufig Zuckersirup anstelle des Zuckers. Es handelt sich hierbei um aufgelösten Zucker, der die Eigenschaft hat, sich in einem schnell gemixten Cocktail sofort zu verbinden. Zuckersirup läßt sich leicht selbst herstellen: 250 g Zucker und $1/4$ l Wasser einfach aufkochen und nach dem Erkalten in eine Flasche füllen. Ein Teelöffel des Sirups entspricht einem Teelöffel Streuzucker. Häufig wird für das Mixen noch Grenadinesirup verwendet. Das ist ein Sirup aus Granatäpfeln, der seine Beliebtheit weniger seinem Aroma als seiner dekorativen roten Farbe verdankt. Grenadinesirup und Zuckersirup können ohne weiteres gegeneinander ausgetauscht werden. Zum »Verlängern« eines Drinks – ob nun mit Promille oder ohne – eignen sich Tonic Water, Bitter Lemon, Bitter Orange, Cola, Ginger Ale, diverse Frucht- und Gemüsesäfte und nicht zu vergessen Eiswürfel.
Eine wichtige Rolle beim Mixen spielt neben den Zutaten auch das richtige Handwerkszeug. Da viele Cocktails nur kurz durchgerührt werden, benötigt man ein Rührglas. Der Mixbecher, von Insidern als Shaker bezeichnet, ist wohl das bekannteste Barrequisit und für viele Cocktails fast unentbehrlich.
Der Shaker wird vor allem dann verwendet, wenn schwere und dickflüssige Zutaten (Eier, Sirup usw.) gut vermischt werden sollen.
Zur Ausrüstung zählen ebenfalls der Barlöffel, der zum Rühren im hohen Rührglas geeignet ist, das Barsieb, das unerwünschte Rückstände, wie beispielsweise Zitronenkerne, beim Eingießen in die Gläser zurückhält, und – ganz wichtig – der Meßbecher. Die meisten Meßbecher haben zwei Einteilungen für 2,5 und 5 cl oder für 2 und 4 cl. Ersatzweise kann man auch ein Schnapsglas mit Eichstrich nehmen.
Wer beim Mixen erfolgreich sein möchte, sollte sich genau an die hier vorgeschriebenen Mengen halten, die in genauen cl-Maßen angegeben sind. Sie werden vielleicht bei Angaben wie Spritzer oder Dash stutzen, die beide für eine Menge von etwa $1/10$ cl stehen; fünf Spritzer oder Dash passen in einen Barlöffel, und 20 sollten ein Schnapsglas bis zum Eichstrich füllen.
Die Zutaten für jedes Rezept in diesem Buch sind in der Reihenfolge ihrer Verwendung aufgeführt.

Abkürzungen:

EL = Eßlöffel
BL = Barlöffel
ml = Milliliter
TL = Teelöffel
cl = Zentiliter
g = Gramm

Alle Rezepte sind, falls nicht anders angegeben, für 1 Person berechnet. Die Anordnung der Cocktails und Drinks auf dem Foto entspricht der Reihenfolge der Rezepte auf der Seite.

COCKTAILS UND DRINKS AUS ALLER WELT

Cocktail bedeutet wörtlich übersetzt »Hahnenschwanz«. Der Ursprung dieses Namens liegt in Amerika, wo es Sitte war, nach den Hahnenkämpfen zu Ehren des Gewinners einen Drink auszugeben. Dieser Schluck auf den Schwanz des Hahnes, den der Sieger als Trophäe behalten durfte, war anfangs jedes beliebige Getränk und wurde erst im Laufe der Zeit die allgemeine Bezeichnung für Mixgetränke. Für Insider ist der Cocktail ein Short Drink, ohne verlängernde Zusätze wie Soda, Säfte, Obst, Eier oder andere Zutaten.

Manhattan Dry

4 cl Canadian Whiskey
2 cl Vermouth Dry
Eiswürfel
Zitronenschale von einer unbehandelten Zitrone

Whiskey und Vermouth im Rührglas mit Eiswürfeln gut rühren, in eine vorgekühlte Cocktailschale abseihen, die Zitronenschale über dem Glas knicken.

Cynar Cocktail

- 3 cl Cynar
- 3 cl Vermouth Bianco
- Eiswürfel
- Scheibe einer unbehandelten Orange

Cynar und Vermouth mit Eiswürfeln in einem Aperitifglas rühren, den Cocktail mit der Orangenscheibe garnieren.

Dubonnet Creme

- 6 cl Dubonnet
- 3 cl Crème de Cassis
- Eiswürfel
- Soda
- 2 Dash Zitronensaft
- 1 Scheibe einer unbehandelten Zitrone

Dubonnet und Crème de Cassis mit Eiswürfeln in einem Longdrinkglas rühren, mit Soda auffüllen und Zitronensaft und die Zitronenscheibe an den Glasrand hängen.

ZUM APÉRITIF

Bombay

2 cl Cognac
2 cl Vermouth Rosso
1 cl Vermouth Dry
3 Tropfen Pernod
Eiswürfel

Alle Zutaten im Rührglas mit Eiswürfeln rühren, in eine vorgekühlte Cocktailschale abseihen.
(auf dem Foto: links vorne)

Primavera

Zitronenscheibe
roter Streuzucker
4 cl Williams Birne
1 cl Pisang Ambon
1 cl Limettensaft
Eiswürfel

Den Rand einer Cocktailschale zuerst mit einer Zitronenscheibe anfeuchten, dann in Streuzucker tauchen. Die restlichen Zutaten im Mixglas mit Eiswürfeln verrühren, dann in das Glas abseihen. Den Drink können Sie mit einer kleinen, eingelegten Williamsbirne verzieren.
(auf dem Foto: links hinten)

Bitter Sweet

3 cl Vermouth Dry
3 cl Vermouth Bianco
1 Dash Angostura
Eiswürfel
Schale einer unbehandelten Orange

Die Zutaten im Cocktailglas mit Eiswürfeln rühren. Die Orangenschale über dem Glas knicken und dazugeben.
(auf dem Foto: Mitte links)

Cidre Cocktail

2 cl Calvados
Cidre
Schale eines unbehandelten Apfels

Den Calvados in ein Ballonglas geben, mit Cidre auffüllen und kurz umrühren. Einen Apfel spiralförmig schälen und die Schale zur Dekoration über den Glasrand hängen.
(auf dem Foto: Mitte rechts)

Americano

2 cl Campari
4 cl Vermouth Rosso
Eiswürfel

Alle Zutaten im Aperitifglas mit Eiswürfeln gut rühren.

Tip:
Sie können die verrührten Zutaten auch in einen Tumbler gießen und mit Soda auffüllen.
(auf dem Foto: rechts)

ZUM APÉRITIF

MIT VERMOUTH

Campari Cocktail

2 cl Campari
2 cl Gin
2 cl Vermouth Rosso
Eiswürfel
1 Scheibe einer unbehandelten Orange

Die Zutaten mit Eiswürfeln im Shaker kräftig schütteln. In eine Cocktailschale abseihen und mit der Orangenscheibe garnieren.

Adonis

2 cl Vermouth Bianco
1 cl Vermouth Rosso
2 cl Sherry Fino
1 Spritzer Bitterorange
Eiswürfel

Die Zutaten im Rührglas mit Eiswürfeln rühren, in eine vorgekühlte Cocktailschale abseihen.

Berlenga

- 6 cl weißer Portwein
- 2 cl Gin
- Eiswürfel
- 1 Scheibe einer unbehandelten Zitrone

Portwein und Gin im Shaker mit Eiswürfeln schütteln, in ein Apéritifglas abseihen, mit der Zitronenscheibe garnieren.

Tomate

- 2 cl Pastis
- 1 cl Grenadine
- Eiswürfel
- Wasser

Pastis und Grenadine in ein Apéritifglas geben, mit Eiswürfeln umrühren und mit kaltem Wasser auffüllen.

Whip

- 2 cl Weizenkorn
- 8 cl Grapefruitsaft
- Eiswürfel
- Sekt

Den Korn und den Saft im Shaker mit den Eiswürfeln schütteln und in ein Longdrinkglas abseihen, mit trockenem Sekt auffüllen.
(auf dem Foto: links)

Aprikosensekt

- 2 cl Apricot Brandy
- 3 cl weißer Rum
- Eiswürfel
- Sekt

Apricot Brandy und Rum im Rührglas mit Eiswürfeln mischen, in eine Sektschale abseihen und mit Sekt auffüllen.
(auf dem Foto: Mitte rechts)

Margret Rose

- 2 cl Campari
- Sekt

Campari in eine Sektflöte geben, mit Sekt auffüllen.
(auf dem Foto: Mitte links)

Kir Imperial II

- Crème de Cassis
- 2 cl Wodka
- Champagner

In einen Champagnerkelch Crème de Cassis und Wodka gießen, umrühren und mit Champagner auffüllen.
(auf dem Foto: rechts hinten)

Fruchtsekt

- 1 cl Cognac
- 2 cl Apricot Brandy
- 5 cl Orangensaft
- Crash-Eis
- Sekt, Cocktailkirsche

Cognac, Apricot Brandy und Orangensaft im Shaker mit Eis schütteln, in eine Sektschale gießen, mit Sekt auffüllen und mit der Kirsche garnieren.
(auf dem Foto: Mitte)

Ohio

- 2 cl Canadian Whiskey
- 1 cl Vermouth Rosso
- 1 Dash Angostura
- Eiswürfel
- Champagner

Whiskey, Vermouth und Angostura im Rührglas mit Eiswürfeln rühren, in eine Cocktailschale abseihen und mit eisgekühltem Champagner auffüllen.
(auf dem Foto: rechts vorne)

MIT SEKT

MIT SEKT

Limettensekt

3 cl Limettenlikör
3 cl Bitter Lemon
Sekt
1 Limettenscheibe

Likör und Bitter Lemon in eine Champagnerschale gießen, mit Sekt auffüllen und mit der Limettenscheibe garnieren.
(auf dem Foto: links vorne)

Flying

2 cl Gin
2 cl Curaçao Triple Sec
2 cl Zitronensaft
Champagner

Gin, Curaçao und Zitronensaft mit Eiswürfeln im Shaker schütteln, in eine Sektflöte abseihen und mit Champagner auffüllen.
(auf dem Foto: Mitte rechts)

Southern Trip

4 cl Southern Comfort
2 cl Orangensaft
Champagner

Southern Comfort und Orangensaft in eine vorgekühlte Sektschale geben, mit Champagner auffüllen.
(auf dem Foto: links hinten)

Suzie Wong

2 cl Wodka
2 cl Mandarinenlikör
2 cl Zitronensaft
Champagner

Wodka, Likör und Zitronensaft im Mixbecher mit Eiswürfeln schütteln, in ein Sektglas abseihen und mit Champagner auffüllen.
(auf dem Foto: rechts hinten)

Ritz

2 cl Cognac,
2 cl Cointreau
2 cl Orangensaft
Champagner

Cognac, Orangensaft, Cointreau im Shaker mit Eiswürfeln schütteln, in ein Champagnerglas abseihen und mit Champagner auffüllen.
(auf dem Foto: Mitte links)

Vulcano

2 cl Himbeergeist
2 cl Curaçao blue
Champagner

Schnaps und Likör in ein Champagnerglas gießen, umrühren und mit Champagner auffüllen.
(auf dem Foto: rechts vorne)

Martini Sweet

- 4 cl Gin
- 2 cl Vermouth Rosso
- Eiswürfel
- 1 Cocktailkirsche

In einem Rührglas Gin und Vermouth mit Eiswürfeln rühren, in eine Cocktailschale abseihen, mit der Kirsche verzieren.
(auf dem Foto: ganz rechts)

Tip:
Ein Barmixer namens Martinez gilt als der Erfinder des Königs der Cocktails.

Bronx

- 4 cl Gin
- 2 cl Vermouth Rosso
- 3 cl Orangensaft
- Eiswürfel
- Schale einer unbehandelten Orange

Gin, Vermouth und Orangensaft im Shaker mit Eiswürfeln schütteln, in eine vorgekühlte Cocktailschale abseihen. Die Schale über dem Glas knicken.
(auf dem Foto: Mitte rechts)

Manhattan

- 4cl Canadian Whiskey
- 2cl Vermouth Rosso
- 1 Dash Angostura
- Eiswürfel
- Cocktailkirsche

Whiskey, Vermouth und Angostura im Rührglas mit Eiswürfeln gut rühren, in eine vorgekühlte Cocktailschale abseihen, mit der Cocktailkirsche garnieren.
(auf dem Foto: vorne)

Martini Dry

- 5 cl Gin
- 1 cl Vermouth Dry
- 1 Olive

Gin und Vermouth mit Eiswürfeln im Rührglas mischen, in ein Cocktailglas abseihen, mit einer Olive verzieren.
(auf dem Foto: Mitte links)

Martini Medium Cocktail

- 4 cl Gin
- 1 cl Vermouth Rosso
- 1 cl Vermouth Dry
- Eiswürfel
- 2 cm Schale einer unbehandelten Zitrone

In einem Rührglas Gin und Vermouth mit Eiswürfeln rühren, in eine Cocktailschale abseihen. Die Zitronenscheibe darüber ausdrücken.
(auf dem Foto: hinten)

ZUM APÉRITIF

MIT WODKA

Greyhound

- 6 cl Wodka
- 6 cl Grapefruitsaft
- Eiswürfel

Wodka und Saft im Longdrinkglas mit Eiswürfeln verrühren.
(auf dem Foto: ganz links)

Moscow Mule

- 6 cl Wodka
- Ginger Ale
- 1 Dash Zitronensaft
- Eiswürfel
- Schale einer unbehandelten Zitrone

Wodka, Ginger Ale und Zitronensaft im Longdrinkglas mit Eiswürfeln mischen, die Zitronenschale ins Glas geben.
(auf dem Foto: Mitte links)

Morton's Special

- 4 cl Wodka
- 2 cl Tequila
- 4 cl Orangensaft
- 1 Dash Grenadine
- Eiswürfel

Alle Zutaten im Shaker mit Eiswürfeln schütteln, in eine vorgekühlte Cocktailschale abseihen.
(auf dem Foto: hinten)

Le Mans

- 3 cl Wodka
- 3 cl Cointreau
- Eiswürfel
- Soda
- Scheibe einer unbehandelten Zitrone

Im Tumbler Wodka und Cointreau mit Eiswürfeln rühren, mit Soda auffüllen und mit der Zitronenscheibe garnieren.
(auf dem Foto: Mitte rechts)

Hair Raiser

- 2 cl Wodka
- 2 cl Dubonnet
- 2 cl Tonic Water
- Eiswürfel

Alle Zutaten im Tumbler mit Eiswürfeln langsam verrühren.
(auf dem Foto: ganz rechts)

MIT COINTREAU

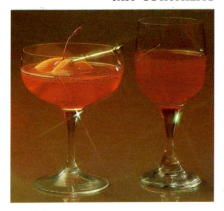

MIT VERMOUTH

Rubin

- 2 cl Campari
- 3 cl Cointreau
- Sekt
- 1/2 Scheibe einer unbehandelten Orange
- 1 Kirsche

Campari und Cointreau in einen Champagnerkelch gießen, mit eiskaltem Sekt auffüllen und mit einem Spieß mit der Orangenscheibe und der Kirsche servieren.
(auf dem Foto: links)

Cherry Blossom

- 2 cl Cognac
- 2 cl Cherry Brandy
- 1 cl Cointreau
- 1 cl Grenadine
- 3 cl Zitronensaft
- Eiswürfel

Alle Zutaten im Shaker mit Eiswürfeln kräftig schütteln und in ein Glas abseihen.
(auf dem Foto: rechts)

Ferrari Cocktail

- 4 cl Vermouth Dry
- 2 cl Amaretto
- abgeriebene Schale von 1/2 unbehandelten Zitrone
- Eiswürfel

Alle Zutaten im Rührglas mit Eiswürfeln rühren und in eine Cocktailschale abseihen.

Tip:
Diesen Cocktail können Sie noch zusätzlich mit einer Zitronenspirale dekorieren. Schneiden Sie mit einem scharfen Messer die Schale einer unbehandelten Zitrone spiralförmig ab und hängen Sie sie über den Glasrand.

FRUCHTIG **AFTER DINNER**

Blue Kontiki

- 1 cl Curaçao blue
- Streuzucker
- 3 cl Kontiki
- 2 cl Grapefruitsaft
- Eiswürfel

Den Rand einer Cocktailschale zuerst in Curaçao und dann in Zucker tauchen, im Shaker alle Zutaten mit Eiswürfeln gut schütteln und in die Schale abseihen.
(auf dem Foto: oben)

Apple Sunrise

- Crash-Eis
- 4 cl Calvados
- 1 Dash Zitronensaft
- 2 cl Crème de Cassis
- 8 cl Orangensaft

Ein Longdrinkglas halb mit Crash-Eis füllen, Calvados, Zitronensaft und Cassis dazugeben, mit Orangensaft aufgießen und langsam umrühren.
(auf dem Foto: unten)

God Father

- 3 cl Bourbon Whiskey
- 2 cl Amaretto
- 2 Mandeln
- Eiswürfel

Die Zutaten im Tumbler mit Eiswürfeln rühren.
(auf dem Foto: links)

Rusty Nail

- 3 cl Scotch Whisky
- 2 cl Drambuie
- Eiswürfel

Die Zutaten im Tumbler mit Eiswürfeln rühren.
(auf dem Foto: rechts)

MIT COGNAC

French Connection

- 3 cl Cognac
- 3 cl Amaretto
- Eiswürfel

Cognac und Amaretto im Tumbler mit Eiswürfeln rühren.
(auf dem Foto: links)

Green Love

- 2 cl Cognac
- 2 cl Curaçao blue
- 2 cl Mandarinenlikör
- 2 cl Zitronensaft
- Eiswürfel
- Scheibe einer unbehandelten Zitrone

Cognac, Curaçao und Mandarinenlikör im Shaker mit Eiswürfeln kräftig mixen, in eine vorgekühlte Cocktailschale abseihen und mit der Zitronenscheibe garnieren.
(auf dem Foto: Mitte)

Honeymoon

- 4 cl Cognac
- 1 cl Cointreau
- 1 cl Weißwein
- Eiswürfel
- Scheibe einer unbehandelten Orange

Cognac, Cointreau und Weißwein im Shaker mit Eiswürfeln gut mixen, in eine vorgekühlte Cocktailschale abseihen und mit der Orangenscheibe garnieren.
(auf dem Foto: rechts)

AFTER DINNER

B and C

2 cl Bénédictine
2 cl Calvados
Eiswürfel

Die Zutaten mit Eiswürfeln im Tumbler gut rühren.
(auf dem Foto: links)

B and B

2 cl Brandy oder Cognac
2 cl Bénédictine
Eiswürfel

Die Zutaten mit Eiswürfeln im Tumbler gut rühren.
(auf dem Foto: Mitte rechts)

Game

3 cl Gin
1 cl Apricot Brandy
1 cl Amaretto
Eiswürfel

Die Zutaten mit Eiswürfeln im Tumbler gut rühren.
(auf dem Foto: Mitte links)

B and P

2 cl Brandy oder Cognac
2 cl Portwein
Eiswürfel

Die Zutaten mit Eiswürfeln im Tumbler gut rühren.
(auf dem Foto: rechts)

MIT GIN

White Lady

- 4 cl Gin
- 2 cl Curaçao Triple Sec
- 2 cl Zitronensaft
- Eiswürfel

Alle Zutaten im Shaker mit Eiswürfeln kräftig schütteln, in eine vorgekühlte Cocktailschale abseihen.
(auf dem Foto: links)

Pink Lady

- 4 cl Gin
- 2 cl Calvados
- 1 cl Grenadine
- 1 cl Zitronensaft
- Eiswürfel

Alles im Shaker mit Eiswürfeln schütteln, in eine Cocktailschale abseihen.
(auf dem Foto: rechts)

HOCHPROZENTIG

Far West

- Eiswürfel
- 2 cl Cognac
- 2 cl Eierlikör
- 2 cl Vermouth Bianco
- Zimt

Im Shaker mit Eiswürfeln Cognac, Eierlikör und Vermouth kräftig schütteln, in eine Cocktailschale abseihen, mit einer Prise Zimt bestreuen.
(auf dem Foto: links)

New Orleans Side Car

- 2 cl Brandy
- 2 cl weißer Rum
- 1 cl Curaçao Triple Sec
- 2 cl Zitronensaft
- 1 Dash Pastis
- 1 Dash Grenadine
- Eiswürfel

Alle Zutaten im Shaker mit Eiswürfeln kräftig mixen, in eine vorgekühlte Cocktailschale abseihen.
(auf dem Foto: rechts)

MIT GIN

Maxim Cocktail

- 3 cl Gin
- 2 cl Vermouth Rosso
- 1 cl Crème de Cacao weiß
- Eiswürfel

Alle Zutaten im Rührglas mit Eiswürfeln rühren und in eine Cocktailschale abseihen.
(auf dem Foto: ganz links)

Tom Collins

- 5 cl Gin
- 2 cl Zitronensaft
- 2 cl Zuckersirup
- Soda
- Eiswürfel
- Scheibe einer unbehandelten Zitrone

Gin, Zitronensaft und Zuckersirup im Tumbler mit Eiswürfeln rühren, mit Soda auffüllen und mit der Zitronenscheibe garnieren.
(auf dem Foto: 2. von links)

Atta Boy

- 5 cl Gin
- 1 cl Vermouth Dry
- 3 Dash Grenadine
- Eiswürfel

Alle Zutaten in ein Rührglas mit Eiswürfeln geben und rühren, in eine Cocktailschale abseihen.
(auf dem Foto: 3. von links)

Haberfield

- 4 cl Gin
- 1 cl Vermouth Dry
- 1 cl Zitronensaft
- 4 Eiswürfel

Die Zutaten im Shaker mit den vier Eiswürfeln kräftig schütteln und in eine Cocktailschale abseihen.
(auf dem Foto: 4. von links)

Beau Rivage

- 2 cl Gin
- 2 cl weißer Rum
- 1 cl Vermouth Dry
- 1 cl Vermouth Rosso
- 3 cl Orangensaft
- 1 Dash Grenadine
- Eiswürfel

Alle Zutaten im Shaker mit Eiswürfeln gut schütteln und in eine vorgekühlte Cocktailschale abseihen.
(auf dem Foto: rechts hinten)

Negroni

- 2 cl Gin
- 2 cl Campari
- 2 cl Vermouth Rosso
- Soda
- Scheibe einer unbehandelten Orange

Gin, Campari und Vermouth im Highballglas rühren. Mit Soda auffüllen und mit der Orangenscheibe dekorieren.
(auf dem Foto: ganz rechts)

LEICHT

Mojito Light

- 2 Limettenviertel
- 2 Dashes flüssiger Süßstoff
- 6 Minzeblätter
- 4 cl weißer Rum
- 8 cl Soda
- zerstoßenes Eis
- 1 Minzezweig
- 1 Scheibe Limette

Die Limettenviertel in ein Longdrinkglas auspressen. Den Süßstoff dazugeben und alles gut rühren. Die Minzeblätter und die ausgedrückten Limettenviertel in das Glas legen und mit Rum und Soda aufgießen. Das Glas mit zerstoßenem Eis auffüllen, alles gut verrühren und den Drink mit dem Minzezweig und der Limettenscheibe dekorieren.
(auf dem Foto: links)

Victor Laslo

- 3 Eiswürfel
- 3 cl Wodka
- 1 cl Eierlikör
- 2 cl Zitronensaft
- 6 cl Orangennektar light
- zerstoßenes Eis nach Belieben
- 3 Kirschen
- 1 Schalenspirale einer unbehandelten Orange

Die Eiswürfel zusammen mit den Flüssigkeiten im Shaker einige Zeit kräftig schütteln. Alles in ein Longdrinkglas seihen und nach Belieben mit zerstoßenem Eis auffüllen. Die Kirschen auf einen Spieß stecken und diesen zusammen mit der Orangenschalenspirale in das Glas geben.
(auf dem Foto: rechts)

MIT WODKA

Slowly Wallbanger

- 6 Eiswürfel
- 2 cl Wodka
- 2 cl Galliano
- 15 cl Orangennektar light
- 1 Achtel einer unbehandelten Orange

4 Eiswürfel zusammen mit den Flüssigkeiten im Shaker kräftig schütteln und in ein Longdrinkglas seihen. Die restlichen Eiswürfel dazugeben und das Orangenachtel in das Glas legen.
(auf dem Foto: links)

Little Screwdriver

- 4 Eiswürfel
- 3 cl Wodka
- 11 cl Orangennektar light
- 1 Viertel einer unbehandelten Orange
- 2 Cocktailkirschen

Die Eiswürfel in ein Longdrinkglas geben. Die Flüssigkeiten dazugießen und gut rühren. Das Orangenviertel in das Glas geben, die Kirschen auf einen Spieß stecken und ihn über das Glas legen.
(auf dem Foto: rechts)

MIT RUM

Florida Light

- 4 Eiswürfel
- 3 cl weißer Rum
- 1 cl Maraschino
- 2 cl Grapefruitnektar light
- 2 cl Limettensaft
- 2–3 Dashes flüssiger Süßstoff
- 2 cl Soda
- 1 Limettenschalenspirale
- 1 Scheibe Limette

Die Eiswürfel zusammen mit dem Rum, dem Maraschino, dem Nektar, dem Saft und dem Süßstoff im Shaker kräftig schütteln. Den Drink in eine Cocktailschale seihen und mit Soda auffüllen. Die Limettenschalenspirale in das Glas geben und die Limettenscheibe an den Glasrand stecken.

MIT RUM

Sweet Pink Colada

- 4 Eiswürfel
- 4 cl weißer Rum
- 2 cl Ananassaft
- 1½ cl Grenadine
- 2 cl Coconut cream
- 6 cl Milch
- zerstoßenes Eis
- 1 schmale Spalte Babyananas
- 1 Scheibe Limette

Die Eiswürfel zusammen mit den Flüssigkeiten im Shaker einige Zeit kräftig schütteln. Alles in ein Longdrinkglas seihen und etwas zerstoßenes Eis dazugeben. Die Ananas an den Glasrand stecken und die Limettenscheibe in das Glas geben.

MIT BOURBON  **MIT SCOTCH**

Whiskey Sour Light

- 3 Eiswürfel
- 3 cl Bourbon Whiskey
- 2 cl Zitronensaft
- 2–3 Dashes flüssiger Süßstoff
- 2 cl Soda
- 1 Viertel einer unbehandelten Zitrone

Die Eiswürfel zusammen mit dem Whiskey, dem Zitronensaft und dem Süßstoff in einem Shaker einige Zeit kräftig schütteln und in eine Cocktailschale seihen. Den Drink mit Soda auffüllen und das Zitronenviertel in das Glas geben.

English Prince

- 3 Eiswürfel
- 2 cl Scotch Whisky
- $1/2$ cl Vermouth rosso
- $1/2$ cl Orangenlikör
- 5 cl Orangennektar light
- 1 Dash Zitronensaft
- 1 Achtel einer unbehandelten Orange

Die Eiswürfel zusammen mit den Flüssigkeiten im Shaker kräftig schütteln und in eine große Cocktailschale seihen. Das Orangenachtel auf einen Spieß stecken und ihn in das Glas legen.

LONGDRINKS ZUM VERWÖHNEN

Verlockend bunt und durch viele exotische Zutaten ergänzt, verführen die folgenden Kompositionen zum Träumen von Urlaub, Sonne und Meer. Gönnen Sie sich und Ihren Gästen eine Abwechslung vom Alltag durch den Genuß fröhlicher Cocktails und Drinks mit dem Aroma ferner Länder.

Caipirinha

2 TL brauner Zucker
1$^{1}/_{2}$ Limetten
5 cl Pitú (Zuckerrohrschnaps)
kleine Eisstücke

Den Zucker in ein Old-Fashioned-Glas geben. Die Limetten in Viertel teilen, dazugeben und mit einem kleinen Stampfer im Glas ausdrücken. Dann den Pitú und ein halbes Glas Eisstückchen dazugeben und alles gut umrühren.

MIT LIMETTEN

Jamaica Green

- 6 Eiswürfel
- 3 cl Zitronensaft
- 2 cl Zuckersirup
- 4 cl weißer Rum (Bacardi)
- 2 cl Crème de Menthe grün
- 1 Scheibe einer unbehandelten Zitrone

Die Eiswürfel zusammen mit Zitronensaft, Zuckersirup, Rum und Crème de Menthe in einem Shaker kurz, aber kräftig schütteln. Dann den Longdrink mit dem Eis in ein hohes Glas gießen und dieses mit der Zitronenscheibe dekorieren.

Cocoskiss

- 6 Eiswürfel
- 4 cl Orangensaft
- 3 cl Maracujasirup
- 3 cl Malibu
- 3 cl brauner Rum
- 1 Minzzweig

Die Eiswürfel zusammen mit Orangensaft, Maracujasirup, Malibu und Rum in einem Shaker kurz, aber kräftig schütteln. Dann den Longdrink in ein hohes Glas gießen und es mit dem Minzzweig dekorieren. Mit einem Trinkhalm servieren.

FRUCHTIG

MIT RUM **MIT RUM**

Banana Daiquiri

5 Eiswürfel
6 cl weißer oder brauner Rum
3 cl Zitronensaft
2 cl Zuckersirup
1/2 Banane
1 dicke Scheibe Banane
1 Cocktailkirsche

Die Eiswürfel zusammen mit Rum, Zitronensaft, Zuckersirup und der halben Banane in einen Mixer geben. Diesen so lange laufen lassen, bis die Banane vollständig püriert und das Eis zerschlagen ist. Die Bananenscheibe und die Kirsche auf ein großes Cocktailspießchen stecken, den Longdrink in ein Ballonglas gießen und den Früchtespieß darüberlegen. Mit einem dicken Trinkhalm servieren.

Variation:
Das Rezept läßt sich ganz einfach in einen »Frozen Strawberry Daiquiri« verwandeln. Geben Sie dafür statt der Banane sechs geputzte Erdbeeren mit in den Mixer, und verdoppeln Sie die Eiswürfelmenge. Lassen Sie den Mixer so lange laufen, bis ein leichter Schnee entstanden ist.

Mai Tai

zerstoßenes Eis
4 cl brauner Rum (Myers's Rum)
2 cl Curaçao orange
4 cl Orangensaft
2 cl Ananassaft
2 cl Zitronensaft
2 cl Zuckersirup
1 Scheibe Limette
1 Minzezweig

Ein großes Longdrinkglas zur Hälfte mit zerstoßenem Eis füllen und den Rum, den Likör, die Fruchtsäfte und den Zuckersirup darübergießen. Alles gut rühren. Den Longdrink mit der Limettenscheibe und dem Minzezweig dekorieren und mit einem Trinkhalm servieren.

Tip:
Diesen Drink kreierte der berühmte Barmixer Victor J. Bergeron für seine zwei besten Freunde aus Tahiti. Einer davon nahm einen Schluck und sagte überwältigt: »Mai Tai – Roa Ae«, was ungefähr soviel bedeutet wie »das absolut Beste«.

FRUCHTIG MIT RUM

Planter's Punch II

- 5 Eiswürfel
- 6 cl brauner Rum (Myers's Rum)
- 4 cl Orangensaft
- 4 cl Ananassaft
- 3 cl Zitronensaft
- 2 cl Grenadine
- 1 cl Zuckersirup
- 1 Cocktailkirsche
- ¹/₂ Scheibe einer unbehandelten Orange
- ¹/₄ Scheibe Ananas
- ¹/₂ Scheibe Kiwi
- 1 dicke Scheibe Banane
- 1 Minzezweig

Die Eiswürfel in ein großes Ballonglas geben. Dann den Rum, die Fruchtsäfte, die Grenadine und den Zuckersirup darübergießen und alles gut rühren. Das Obst auf einen langen Spieß stecken und ihn in das Glas stellen. Den Longdrink mit dem Minzezweig dekorieren und mit einem Trinkhalm servieren.

Tip:
Servieren Sie den Planter's Punch auf einem kleinen Teller mit einer Serviette, damit man die Obstschalen darauf ablegen kann.
Wenn der Drink länger steht, beträufeln Sie die Bananenscheibe mit etwas Zitronensaft, dann wird sie nicht braun.

Barbados Swizzle

- 1 Limette
- 5 cl weißer Rum (Barbados Rum)
- 1 cl Zuckersirup
- 1 Dash Angostura
- zerstoßenes Eis
- 1 Minzezweig
- 1 Limettenspirale

Die Limette waschen, die Schale spiralförmig abschälen und beiseite stellen. Die Limette halbieren und dann eine Hälfte ausdrücken. Den Rum zusammen mit Zuckersirup, Limettensaft und Angostura in ein Longdrinkglas gießen, dann zerstoßenes Eis dazugeben und alles so lange mit einem Cocktailstirer rühren, bis das Glas beschlägt. Den Minzezweig auf den Drink legen und die Limettenspirale an den Glasrand hängen.

MIT TEQUILA

Brave Ball

- 3 cl Tequila
- 3 cl Kahlúa

Die Zutaten im Rührglas mit Eiswürfeln gut durchrühren und in ein gut vorgekühltes Sherryglas abseihen.
(auf dem Foto: links vorne)

Tequila Mary

- 5 cl Tequila
- 10 cl Tomatensaft
- 1 cl Zitronensaft
- Selleriesalz
- Tabasco
- Worcestersauce

Tequila, Tomaten- und Zitronensaft in den Shaker geben, nach Geschmack würzen und mit Eiswürfeln gut schütteln, in ein Longdrinkglas abseihen.
(auf dem Foto: links hinten)

Tequila Sunrise

- 6 cl Tequila
- 2 cl Grenadine
- 1 Dash Zitronensaft
- 10 cl Orangensaft

In ein halbvoll mit Crash-Eis gefülltes Superlongdrinkglas Tequila, Grenadine und Zitronenspritzer geben. Langsam mit Orangensaft auffüllen und langsam rühren.
(auf dem Foto: hinten Mitte)

Carabinieri

- 3 cl Tequila
- 2 cl Galliano
- 2 cl Limettensaft
- 8 cl Orangensaft
- 1 Eigelb

Alle Zutaten im Shaker mit Eiswürfeln gut schütteln, ein hohes Glas mit Crash-Eis halb füllen, den Drink hinein abseihen.
(auf dem Foto: rechts hinten)

Jalapa

- 3 cl Tequila
- 3 cl Limettensaft
- 3 cl Maracujasaft

Alle Zutaten im Shaker mit Eiswürfeln gut schütteln, in eine vorgekühlte Cocktailschale abseihen.
(auf dem Foto: rechts vorne)

Rum Sour

- 5 cl weißer oder brauner Rum
- 2 cl Zuckersirup
- 2 cl Zitronensaft
- Soda
- Scheibe einer unbehandelten Zitrone
- Cocktailkirsche

Rum, Zuckersirup und Zitronensaft im Shaker mit Eiswürfeln schütteln, in ein Sour-Glas abseihen, einen Spritzer Soda dazugießen und mit Zitronenscheibe und Kirsche garnieren.
(auf dem Foto: links)

Rum Highball

- 4 cl brauner Rum
- Ginger Ale
- 3 Limettenscheiben

In ein Longdrinkglas Eiswürfel geben, Rum und Ginger Ale daraufgießen. Die Schalen der Limetten jeweils einmal einschneiden und 2 cm lang von dem Fruchtfleisch trennen. In das Glas geben.
(auf dem Foto: Mitte links)

Con-Tico

- 3 cl weißer Rum
- 1 cl Southern Comfort
- 1 cl Cointreau
- 1 cl Rosso Antico
- 12 cl Ananassaft
- Ananasscheibe
- Scheibe einer unbehandelten Orange
- Cocktailkirsche

Rum, Southern Comfort, Cointreau, Rosso Antico und Saft im Shaker mit Eiswürfeln gut schütteln, in ein Superlongdrinkglas abseihen und mit den Früchten dekorieren.
(auf dem Foto: Mitte rechts)

Looking At You

- 10 cl Orangensaft
- Zucker
- 2 cl weißer Rum
- 1 cl brauner Rum
- 3 cl Sambuca
- Scheibe einer unbehandelten Orange
- Cocktailkirsche

Den Rand eines Longdrinkglases in etwas Saft und dann in Streuzucker tauchen. Rum, Sambuca und Orangensaft mit Eiswürfeln im Shaker gut mixen, in das Glas abseihen, mit zerhacktem Eis auffüllen und mit den Früchten garnieren.
(auf dem Foto: rechts)

MIT RUM

37

Erdbeer-Kiwi-Bowle

Für ca. 15 Personen

150 g frische Erdbeeren
4 Kiwis
2 Flaschen trockener Weißwein
4 cl Kiwilikör
4 cl Erdbeerlikör oder -sirup
4 cl weißer Rum
3 EL Zucker
Saft von 1 Zitrone
½ Flasche trockener Rotwein
1 Flasche trockener Sekt

Die Erdbeeren und die Kiwis vierteln und in Scheiben schneiden. Dann die Früchte zusammen mit 1 Flasche Weißwein, Kiwilikör, Erdbeerlikör oder- sirup, Rum, Zucker und Zitronensaft in ein Bowlengefäß geben und den Ansatz ungefähr 1 Stunde zugedeckt kühl stellen. Anschließend den restlichen Weißwein und den Rotwein dazugießen und alles gut rühren. Zum Servieren die Gläser zu zwei Dritteln mit der Bowle füllen und nach Belieben Sekt dazugeben. Die Gläser mit Cocktailspießchen servieren.
(auf dem Foto: oben)

Tip:
Bowlen schmecken nur eisgekühlt so richtig aromatisch und erfrischend. Stellen Sie deshalb die Zutaten vor der Zubereitung längere Zeit in den Kühlschrank.

Ananasbowle

Für ca. 10 Personen

5 Scheiben frische Ananas
4 cl Curaçao blue
4 cl brauner Rum
Saft von 1 Zitrone
3 EL Zucker
1 Flasche trockener Weißwein
½ Flasche trockener Rotwein
1 Flasche trockener Sekt

Von den Ananasscheiben die Rinde und den harten Strunk in der Mitte entfernen und die Ringe in mundgerechte Stücke schneiden. Die Ananasstückchen zusammen mit Curaçao, Rum, Zucker und Zitronensaft in ein Bowlengefäß geben. Die Hälfte des Weißweins darübergießen und den Ansatz etwa 2 Stunden zugedeckt kühl stellen.
Anschließend den restlichen Weißwein und den Rotwein dazugießen und alles gut rühren. Zum Servieren die Gläser zu zwei Dritteln mit der Bowle füllen und nach Belieben Sekt dazugießen. Mit einem Löffel oder einem Spießchen für die Früchte servieren.
(auf dem Foto: unten)

Tip:
Ersetzen Sie den Rotwein durch die gleiche Menge Ananassaft. So wird die Bowle leichter und fruchtiger.

MIT FRUCHTLIKÖREN

MIT CURACAO

MIT COINTREAU

Kumquatbowle

Für ca. 8 Personen

6 **Kumquats (Miniorangen)**
3 **EL Zucker**
6 **cl Cointreau**
Saft von 1 Zitrone
1 **Flasche trockener Weißwein**
1 **Flasche trockener Sekt**

Die Kumquats in dünne Scheiben schneiden. Dann den Zucker darüberstreuen, den Cointreau und den Zitronensaft darübergießen und alles etwa 1 Stunde zugedeckt kühl stellen. Anschließend den Wein dazugeben und den Ansatz nochmals etwa $1/2$ Stunde kühl stellen. Die Bowle kurz vor dem Servieren mit dem Sekt auffüllen, in Gläser geben und Cocktailspießchen dazugeben.

MIT GRAND MARNIER

Karibischer Zauber

- Für ca. 8 Personen

  2 Karambolen (Sternfrüchte)
  3 EL Zucker
  4 cl Grand Marnier
  4 cl brauner Rum
  1 Flasche trockener Weißwein
  1 Flasche trockener Sekt

Die Karambolen in dünne Scheiben schneiden. Diese eventuell noch halbieren und dann mit dem Zucker bestreuen. Den Grand Marnier und den Rum darübergießen und den Ansatz etwa 2 Stunden kühl stellen. Anschließend den Wein dazugießen und alles gut rühren. Die Bowle vor dem Servieren mit dem Sekt auffüllen, in Gläser geben und mit Cocktailspießchen servieren.

Tip:
Dekorieren Sie die Gläser mit je einer Karambolenscheibe und einer Cocktailkirsche.

ERFRISCHEN-DES OHNE PROMILLE

Es muß nicht immer Alkohol sein, denn auch ganz ohne Promille läßt es sich nach Belieben shaken, rühren und dekorieren. Süße, aromatische und pikante Cocktails sowie Longdrinks sind – phantasievoll arrangiert – ein Genuß für Gaumen und Augen. In einem Zeitalter, in dem Gesundheit groß geschrieben wird, liegen Sie mit den folgenden fruchtig frischen oder zart cremigen Variationen voll im Trend.

Canaria

1 cl Limettensaft
1 cl Orangensirup
6 cl Grapefruitsaft
4 Eiswürfel
1 Scheibe Limette

Die Flüssigkeit zusammen mit den Eiswürfeln im Shaker kräftig schütteln und den Drink in ein Cocktailglas seihen. Den Drink mit der Limettenscheibe dekorieren.

FRUCHTIG

Rosenkavalier

- 2–3 stark duftende Rosenblüten
- 1 TL Rosenwasser (aus der Apotheke)
- 1 cl Himbeer- oder Holunderbeersirup
- 1 cl Kirschsaft
- 3 cl eiskalter Früchtetee
- 4 Scheiben Limette
- eiskaltes Soda

Die Blütenblätter der Rosen abzupfen und drei Viertel davon in ein großes Bauch- oder Phantasieglas geben. Rosenwasser, Sirup, Saft und Früchtetee im Rührglas mischen und über die Blätter gießen. Eine Limettenscheibe an den Glasrand stecken, die restlichen auf die Blätter in das Glas legen. Den Drink mit Soda auffüllen, die restlichen Blütenblätter darüberstreuen und mit einem hübschen Strohhalm servieren.

Tip:
Achten Sie bitte unbedingt darauf, daß die Rosen ungespritzt sind. Pflanzenschutzmittel sind auch in geringen Mengen giftig! Nehmen Sie, wenn möglich, Rosen aus dem eigenen Garten.

Violeta

- $1/2$ Bund frische Veilchen
- 3 kleine Eiswürfel
- 1 cl durchgeseihter Grapefruitsaft
- 1 cl Himbeersirup
- 5 cl kalter Früchtetee
- eiskaltes Soda oder Tonic

Die Veilchenblüten von den Stengeln zupfen, einige ins Wasser legen, damit sie frisch bleiben. Die restlichen Blüten zusammen mit den Eiswürfeln in ein Ballonglas geben und vorsichtig mit dem Saft und dem Sirup beträufeln. Den Früchtetee langsam am Glasrand entlang darüber laufen lassen und mit Soda oder Tonic vorsichtig auffüllen. Den Drink mit den restlichen Blüten bestreuen.

Tip:
Bitte verwenden Sie auch hier nur ungespritzte Veilchen vom Wochenmarkt oder aus dem Garten.

MIT BLÜTEN

Mandelmilch

- 16 cl Milch
- 4 cl Mandelsirup
- 1 Dash Grenadine
- Eiswürfel
- geröstete Mandelsplitter

Die Milch, den Mandelsirup und die Grenadine in einem Shaker mit Eiswürfeln schütteln. Ein Longdrinkglas mit Eiswürfeln halb füllen. Den Drink hinein abseihen, mit den gerösteten Mandelsplittern dekorieren und mit einem Strohhalm servieren.
(auf dem Foto: hinten links)

Tango

- 6 cl Ananassaft
- 6 cl Zitronensaft
- 3 cl Coconut cream
- 3 cl Sahne
- 1 cl Mandelsirup
- Eiswürfel
- 1 Cocktailkirsche

Die Säfte, die Coconut cream, die Sahne und den Sirup mit Eiswürfeln im Shaker schütteln und in ein Longdrinkglas abseihen. Mit einer Cocktailkirsche dekorieren.
(auf dem Foto: Mitte)

Abendsonne

- 4 cl Sahne
- 2 cl Bananensaft
- 1 cl Grenadine
- Eiswürfel

Alle Zutaten im Shaker mit Eiswürfeln kräftig schütteln und in eine Cocktailschale abseihen.
(auf dem Foto: vorne)

Milchshake »Karibik«

- 5 cl Bananensaft
- 5 cl Ananassaft
- 5 cl Buttermilch
- 2 cl Curaçao blue, ohne Alkohol
- Eiswürfel
- Zimt

Alle Zutaten im Shaker mit Eiswürfeln schütteln, in ein Longdrinkglas abseihen und mit etwas Zimt bestreuen.
(auf dem Foto: hinten)

Florida Milk

- 6 cl Milch
- 1 cl Orangensaft
- 1 cl Zitronensaft
- 1 cl Grenadine
- Eiswürfel

Alle Zutaten im Shaker mit Eiswürfeln kräftig schütteln und in eine Cocktailschale abseihen.
(auf dem Foto: vorne links)

Tomatenmilch

- 4 cl Tomatensaft
- Saft von $1/2$ Zitrone
- 3 cl Milch
- geriebene Muskatnuß

Alle Zutaten im Shaker schütteln, in einen Tumbler abseihen und mit Muskatnuß bestreuen.
(auf dem Foto: rechts)

MIT MILCHPRODUKTEN

Holländer

4 cl Karottensaft
4 cl Sauerkrautsaft
1 Prise Curry
Eiswürfel

Die Säfte mit dem Curry und Eiswürfeln im Shaker kräftig schütteln und den Drink in ein vorgekühltes Cocktailglas abseihen.
(auf dem Foto oben: links)

Landtraum

5 cl Möhrensaft
4 cl Apfelsaft
1 TL Crème fraîche
Eiswürfel

Die Säfte und die Crème fraîche in einem Shaker mit Eiswürfeln kräftig schütteln und sofort in eine Cocktailschale abseihen.
(auf dem Foto oben: Mitte)

Bavarian Tomato

10 cl Tomatensaft
10 cl Sauerkrautsaft
1 TL Kümmel
Eiswürfel

Die Säfte und den Kümmel mit Eiswürfeln in einem Shaker schütteln und zusammen mit dem Eis in ein Longdrinkglas gießen.
(auf dem Foto oben: rechts)

Eiscreme-Soda

2 Kugeln Speiseeis nach Wahl
Soda

Das Eis in einen Tumbler geben und mit Soda auffüllen. Mit einem Barlöffel und einem Strohhalm servieren.
(auf dem Foto unten: links)

Mokkamix

1–2 Kugeln Schokoladeneis
$1/2$ TL Mokka
$1/8$ l Milch

Alle Zutaten im Rührglas verrühren und in ein Longdrinkglas abseihen.
(auf dem Foto unten: Mitte)

Night Cap

5 cl heiße Milch
2 cl Vanillesirup
Soda

Die Milch mit dem Sirup in einen Tumbler geben, kurz rühren und mit Soda auffüllen. Mit einem Strohhalm servieren.
(auf dem Foto unten: rechts)

PIKANT

MIT EIS UND MILCH

Lemon Cooler

- 3 TL Zuckersirup
- 2 cl Zitronensaft
- Eiswürfel
- Ginger Ale

Den Zuckersirup und den Zitronensaft mit Eiswürfeln in einen Tumbler geben und mit Ginger Ale auffüllen.
(auf dem Foto: oben links)

Pepper Tonic

- 2 cl Zitronensaft
- 3 cl Pfefferminzsirup
- Tonic Water
- Schale einer unbehandelten Zitrone

Den Zitronensaft und den Pfefferminzsirup in ein Longdrinkglas geben und mit Tonic Water auffüllen. Die Schale der Zitrone spiralförmig abschneiden und den Drink mit der Spirale dekorieren.
(auf dem Foto: oben Mitte)

Belfast Cooler

- 5 cl Zitronensaft
- Eiswürfel
- Ginger Ale

Den Zitronensaft in einen halb mit Eiswürfeln gefüllten Tumbler geben und mit Ginger Ale auffüllen. Mit einem Strohhalm servieren.
(auf dem Foto: oben rechts)

Proofless

- 6 cl frisch gepreßter Limettensaft
- 4 cl Roses Lime Juice
- Tonic Water
- 1 Limettenscheibe

Den Limettensaft mit dem etwas süßeren Roses Lime Juice in ein Longdrinkglas geben und mit Tonic Water auffüllen. Mit einer Limettenscheibe dekorieren.
(auf dem Foto: unten links)

Chicago Cooler

- Saft von $1/2$ Zitrone
- Eiswürfel
- Ginger Ale
- roter Traubensaft

Den Zitronensaft in einen halb mit Eis gefüllten Tumbler geben und je zur Hälfte mit Ginger Ale und mit Traubensaft auffüllen.
(auf dem Foto: unten Mitte)

Brunswick Cooler

- Saft von $1/2$ Zitrone
- 2 TL Zuckersirup
- Eiswürfel
- Ginger Ale
- Früchte

Den Zitronensaft und den Sirup in einen halb mit Eis gefüllten Tumbler geben und mit Ginger Ale auffüllen. Mit Früchten dekorieren und mit Strohhalm und Barlöffel servieren.
(auf dem Foto: unten rechts)

MIT ZITRONEN

Grapefruit Highball

- 4 cl Grapefruitsaft
- 2 cl Grenadine
- Soda oder Ginger Ale

Den Grapefruitsaft mit der Grenadine in einen Tumbler geben, kurz rühren und den Drink mit Soda oder Ginger Ale auffüllen.
(auf dem Foto oben: links)

Tropenzauber

- 4 cl Pfirsichsaft
- 4 cl Grapefruitsaft
- 4 cl Bananensaft
- 2 cl Grenadine
- Eiswürfel
- Tonic Water
- 1 Pfirsichscheibe

Die Säfte mit der Grenadine und Eiswürfeln im Shaker schütteln und in ein Longdrinkglas abseihen. Mit Tonic Water auffüllen und mit der Pfirsichscheibe dekorieren.
(auf dem Foto oben: Mitte)

Borneo Gold

- 6 cl Aprikosensaft
- 4 cl Bananensaft
- 2 cl Maracujasaft
- Eiswürfel
- Tonic Water
- $1/2$ Banane

Die Säfte in ein Longdrinkglas auf Eiswürfel geben und mit Tonic Water auffüllen. Mit der Bananenhälfte dekorieren.
(auf dem Foto oben: rechts)

Malayendrink

- 8 cl Ananassaft
- 4 cl Grapefruitsaft
- 2 cl Curaçao blue ohne Alkohol
- Eiswürfel
- Bitter Lemon
- 1 Ananasscheibe

Die Säfte mit dem Curaçao im Rührglas mit Eiswürfeln verrühren und in ein Longdrinkglas abseihen. Mit Bitter Lemon auffüllen und mit der Ananasscheibe dekorieren.
(auf dem Foto unten: links)

Ananascocktail

- 4 cl Ananassaft
- 3 cl Orangensaft
- Eiswürfel
- Ananasstücke

Die Säfte mit Eiswürfeln im Shaker schütteln und in ein Cocktailglas abseihen. Den Drink mit Ananasstückchen dekorieren.
(auf dem Foto unten: Mitte)

Ananas Ade

- 4 cl Ananassirup
- Saft von $1/2$ Zitrone
- Eiswürfel
- Soda
- Ananasstücke

Den Sirup mit dem Zitronensaft in einen halb mit Eiswürfeln gefüllten Tumbler geben und mit Soda auffüllen. Mit Ananasstückchen, einem Barlöffel und einem Strohhalm servieren.
(auf dem Foto unten: rechts)

MIT SODA UND TONIC

MIT ANANAS

ERFRISCHEND-LEICHT

Berlin

- ½ Scheibe Ananas
- 3 Scheiben Orange
- 1 cl Zitronensaft
- 4 cl Ananassaft
- 4 Eiswürfel
- eiskalter Apfelsaft

Die Ananasscheibe und zwei Orangenscheiben in kleine Stücke schneiden und in ein bauchiges Glas geben. Den Zitronen- und den Ananassaft zusammen mit den Eiswürfeln im Shaker kräftig schütteln und ins Glas seihen. Den Drink mit Apfelsaft auffüllen, die übrige Orangenscheibe an den Glasrand stecken und den Drink mit Spieß servieren.
(auf dem Foto: links)

Erdbeerdrink

- 1 cl Kirschsaft
- 1 cl Orangensaft
- 2 cl Zitronensaft
- 4 cl Erdbeersirup
- 6 cl kalter Früchtetee
- 3 Eiswürfel
- eiskaltes Mineralwasser
- 2 EL frische Erdbeeren
- 1 Zweig Zitronenmelisse

Die Säfte, den Sirup und den Früchtetee zusammen mit den Eiswürfeln im Shaker kräftig schütteln und in ein Longdrinkglas seihen. Den Drink mit eisgekühltem Mineralwasser auffüllen, die Erdbeeren und die Zitronenmelisse ins Glas geben und den Drink mit einem Barlöffel servieren.
(auf dem Foto: rechts)

MIT HIMBEERE

Orange-Fizz

- 2 cl Grenadine
- 2 cl Himbeersaft
- 6 cl Orangensaft
- 4 Eiswürfel
- eiskaltes Tonic
- 1 Schalenspirale einer unbehandelten Orange

Die Grenadine mit den Säften und den Eiswürfeln im Shaker kräftig schütteln. Den Drink in ein Longdrinkglas seihen und mit Tonic auffüllen. Mit der Orangenschalenspirale dekorieren und mit einem Strohhalm servieren.
(auf dem Foto: links)

Fruit-Fizz

- 1 cl Zitronensaft
- 2 cl Orangensaft
- 3 cl Himbeersaft
- 4 cl Ananassaft
- 4 Eiswürfel
- Soda
- 1 Rispe rote Johannisbeeren

Die Säfte zusammen mit den Eiswürfeln im Shaker kräftig schütteln. Den Drink in ein Longdrinkglas seihen, mit Soda auffüllen und mit den Johannisbeeren dekorieren, mit Strohhalm und Barlöffel servieren.
(auf dem Foto: rechts)

Bosom Caresser

- 3 cl Himbeersaft
- 1 Ei
- Milch

Saft und Ei im Shaker schütteln und dann in einen Tumbler geben. Mit eisgekühlter Milch auffüllen.
(auf dem Foto: ganz links)

Sanddornflip

- 20 cl Milch
- 2 cl Sanddornsirup
- 1 Eigelb
- Eiswürfel

Alle Zutaten mit Eiswürfeln in einem Shaker kräftig schütteln und in ein Superlongdrinkglas abseihen.
(auf dem Foto: hinten links)

Prairie Oyster

- 2 EL Tomatenketchup
- 3 Dashes Worcestersauce
- 2 Dashes Zitronensaft
- Salz
- 1 Eigelb
- Pfeffer, Paprika
- Tabasco

Tomatenketchup, Worcestersauce, Zitronensaft und wenig Salz in ein Cocktailglas geben und verrühren. Ein Eigelb hineingleiten lassen, mit den Gewürzen bestreuen und wenig Tabasco dazugeben.
(auf dem Foto: ganz rechts)

Honigflip

- 20 cl Milch
- 2 cl schwarzer Johannisbeersaft
- 1 cl Honig
- 1 Eigelb
- Eiswürfel

Alle Zutaten mit Eiswürfeln in einem Shaker kräftig schütteln und in ein Superlongdrinkglas abseihen.
(auf dem Foto: hinten rechts)

Schwarzwald-Flip

- 6 cl Sauerkirschsaft
- 2 cl Roses Limettensaft
- 1 cl Zitronensaft
- 1 Eigelb
- Eiswürfel
- 1 kleiner Zweig Melisse

Säfte und Limettensaft mit dem Eigelb und Eiswürfeln in einem Shaker schütteln und in ein Long-drinkglas abseihen. Mit der Melisse dekorieren.
(auf dem Foto: 2. von links)

Pineappleflip

- 3 cl Ananassaft
- 2 cl Orangensaft
- 1 Eigelb
- Eiswürfel
- Soda

Säfte und Eigelb im Shaker mit Eiswürfeln schütteln und in einen Sektkelch abseihen. Mit Soda auffüllen.
(auf dem Foto: vorne)

MIT EI

MIT ANANAS

Anastasia

- 2 Scheiben Ananas
- 2 cl Zitronensaft
- 3 cl Apfelsaft
- 4 cl Orangensaft
- 6 cl Ananassaft
- 4 Eiswürfel
- eiskaltes Ginger Ale
- 1 Cocktailkirsche

Die Ananas in kleine Stücke schneiden und in ein Phantasieglas geben. Die Säfte mit den Eiswürfeln im Shaker kräftig schütteln und über die Fruchtstücke seihen. Den Drink mit Ginger Ale auffüllen und die Cocktailkirsche auf einem Spießchen über das Glas legen.

MIT WALDMEISTER

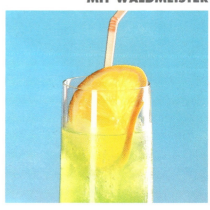

Granito di Asperula

- 7–8 EL zerstoßenes Eis
- 1 cl Limettensaft
- 3 cl Waldmeistersirup
- Soda nach Geschmack
- 1 Scheibe einer unbehandelten Orange

Ein großes Becherglas zu zwei Dritteln mit zerstoßenem Eis füllen und Saft und Sirup darübergießen. Den Drink nach Belieben mit Soda auffüllen, mit der Orangenscheibe dekorieren und mit einem Strohhalm servieren.

MIT JOHANNISBEERE

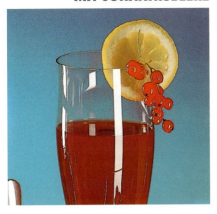

Juana

- 1 cl Himbeersaft
- 2 cl Zitronensaft
- 2 cl Orangensaft
- 3 cl Apfelsaft
- 6 cl schwarzer Johannisbeersaft
- kaltes Soda
- 1 Scheibe einer unbehandelten Zitrone
- 2 Rispen rote Johannisbeeren

Die Säfte in ein hohes Phantasieglas geben, gut rühren und mit Soda auffüllen. Die Zitronenscheibe und eine Johannisbeerrispe an den Glasrand stecken, die andere Rispe ins Glas gleiten lassen.

MIT ORANGE

Tropical Cooler

- 1 EL Vanillesirup
- 2 EL Ananassirup
- 2 EL roter oder weißer Traubensaft
- 1 cl Zitronensaft
- 8 cl Orangensaft
- 2–3 EL zerstoßenes Eis
- Soda
- ¹/₄ Scheibe Ananas
- 1 Cocktailkirsche

Sirupe und Säfte zusammen mit dem zerstoßenen Eis im Shaker kräftig schütteln und in ein Longdrinkglas seihen. Den Drink mit Soda auffüllen und mit den Früchten dekorieren.

EISIG

Beeren-Freeze

3 cl Johannisbeersirup
4 EL zerstoßenes Eis
1 Kugel Johannisbeereis
Soda
100 g frische Johannisbeeren

Den Sirup in ein großes Longdrink- oder Phantasieglas geben, das Glas zu zwei Dritteln mit zerstoßenem Eis auffüllen und das Fruchteis oder -sorbet dazugeben. Den Drink mit Soda auffüllen, mit den Beeren garnieren und mit einem Barlöffel servieren.
(auf dem Foto: links)

Maracuja-Freeze

1 cl Himbeer- oder Holunderbeersirup
1 cl Zitronensaft
8 cl Maracujasaft
6 kleine Eiswürfel
Soda
1 Cocktailkirsche

Den Sirup und die Säfte zusammen mit den Eiswürfeln im Shaker kräftig schütteln und in ein hohes Sektglas seihen. Den Drink mit Soda auffüllen und mit der Kirsche dekorieren.
(auf dem Foto: rechts)

MIT ORANGE

Zitrus-Freeze

- 2 BL Zitronensirup
- 6 cl Orangensirup
- 3 EL zerstoßenes Eis
- 1 kleine Kugel Orangeneis
- 1 kleine Kugel Zitroneneis
- Soda
- 1 Scheibe einer unbehandelten Orange
- 1 Schalenspirale einer unbehandelten Zitrone

Die Sirupe miteinander verrühren, in ein Longdrinkglas geben und das Glas zu zwei Dritteln mit zerstoßenem Eis auffüllen. Die Eiskugeln dazugeben und den Drink mit Soda auffüllen. Das Glas mit der Orangenscheibe und der Zitronenschalenspirale dekorieren und mit Strohhalm und Barlöffel servieren.
(auf dem Foto: links)

Orange-Freeze

- 3 EL zerstoßenes Eis
- 2 BL Zitronensirup
- 2 cl Orangensaft
- Ginger Ale
- 1 Kumquat (Miniorange)

Das zerstoßene Eis zusammen mit dem Sirup und dem Saft in ein großes Longdrinkglas geben, rühren und mit Ginger Ale auffüllen. Die Kumquat an den Glasrand stecken und den Drink mit einem Strohhalm servieren.
(auf dem Foto: rechts)

MIT BANANE **FEIN-HERB**

Obstsalatbowle

■ Für 5–10 Personen

2 säuerliche Äpfel
1 Birne
1 Banane
1 unbehandelte Orange
¹/₂ l Orangensaft
¹/₂ l Apfelsaft
20 cl Bananensaft
10 cl Birnensaft
30 cl Soda

Die Äpfel und die Birne halbieren und in sehr kleine Scheiben oder Stifte schneiden. Die Banane und die Orange in Scheiben schneiden und die Orangenscheiben nochmals vierteln. Das Obst mit den Säften in ein Bowlengefäß geben und kalt stellen. Anschließend mit Soda auffüllen und servieren.

Zitronenbowle

■ Für 5–10 Personen

2 unbehandelte Zitronen
1 unbehandelte Orange
¹/₂ l Ananassaft
20 cl Orangensaft
10 cl Zitronensaft
10 cl Zuckersirup
¹/₂ l Bitter Lemon
40 cl Soda

Die Zitronen und die Orange in Scheiben schneiden. Diese vierteln und zusammen mit den Schalen, den Säften und dem Sirup in ein Bowlengefäß geben, rühren und kalt stellen. Anschließend die Schalen entfernen, Eiswürfel, Bitter Lemon und Soda dazugeben.

MIT APRIKOSE   **SPRITZIG**

Goldene Bowle

- Für 10–15 Personen

- 2 l Bananensaft
  2 l Aprikosensaft
  1 l Maracujasaft
  Tonic Water
  Bananen

Die Säfte in einem Bowlengefäß rühren und kalt stellen. Longdrinkgläser zu Dreiviertel mit der Bowle füllen und dann mit Tonic Water ergänzen. Jedes Glas mit einer Bananenhälfte dekorieren.

Bananenbowle

- Für 5–10 Personen

- 3 Bananen
  2 Kiwifrüchte
  70 cl Bananensaft
  10 cl Orangensaft
  10 cl Zitronensaft
  10 cl Ananassaft
  Eiswürfel
  $^1/_2$ l Soda

Die Bananen und die Kiwis in kleine Stücke schneiden. Das Obst mit den Säften in ein Bowlengefäß geben, rühren und kalt stellen. Anschließend Eiswürfel und Soda dazugeben und frisch servieren.

Tip:
Vermischen Sie die Bananenscheiben sofort nach dem Schneiden mit etwas Zitronensaft. So wird eine Verfärbung vermieden.

MIT MINZE UND GRENADINE

Green Wonder

- 4 Eiswürfel
- 6 cl Tropic light
- 6 cl Orangennektar light
- 6 cl Ananassaft
- 2 cl Pfefferminzsirup
- 3 EL zerstoßenes Eis
- $^1/_2$ Scheibe Honigmelone
- 1 Scheibe einer unbehandelten Orange
- 1 Minzezweig

Die Eiswürfel zusammen mit den Flüssigkeiten im Shaker kräftig schütteln. Das zerstoßene Eis in ein Longdrinkglas geben und den Drink hineinseihen. Das Glas mit den Fruchtscheiben und dem Minzezweig dekorieren.
(auf dem Foto: links)

Nice Dreams

- 4 Eiswürfel
- 6 cl Orangennektar light
- 3 cl Ananassaft
- 2 cl Zitronensaft
- 1 cl Grenadine
- $^1/_4$ Scheibe frische Ananas
- $^1/_2$ Scheibe einer unbehandelten Blutorange
- $^1/_2$ Scheibe einer unbehandelten Zitrone

Die Eiswürfel zusammen mit den Flüssigkeiten im Shaker kurz schütteln und den Drink in ein Longdrinkglas seihen. Die Ananas auf das Glas legen und die restlichen Scheiben an den Glasrand stecken.
(auf dem Foto: rechts)

FRUCHTIG-LEICHT

Pineappledrink

- 4 Eiswürfel
- 10 cl Ananassaft
- 1 cl Zitronensaft
- 10 cl Bitter Lemon light
- 1 cl Grenadine
- ¼ Scheibe Ananas
- 2 Kumquats (Miniorangen)

Die Eiswürfel in ein Longdrinkglas geben, dann die Säfte dazugießen und kurz rühren. Nun mit Bitter Lemon auffüllen, einmal umrühren, dann die Grenadine nach und nach dazugeben. Die Ananasscheibe und die beiden Kumquats auf einen langen Spieß stecken und diesen in das Glas geben.
(auf dem Foto: links)

Tonic's Best

- 3 Eiswürfel
- 6 cl Orangensaft
- 6 cl Aprikosennektar light
- 6 cl Tonic light
- 1 Viertel einer unbehandelten Orange
- 1 Scheibe Karambole

Die Eiswürfel in ein Longdrinkglas geben, die Säfte dazugießen und kurz rühren. Mit dem Tonic auffüllen und einmal umrühren. Das Orangenviertel in das Glas geben, die Karambolenscheibe an den Glasrand stecken.
(auf dem Foto: rechts)

Rezeptverzeichnis

Abendsonne 44
Adonis 8
Americano 6
Ananas Ade 50
Ananasbowle 38
Ananascocktail 50
Anastasia 56
Apple Sunrise 19
Aprikosensekt 10
Atta Boy 25
B and B 21
B and C 21
B and P 21
Banana Daiquiri 32
Bananenbowle 61
Barbados Swizzle 33
Bavarian Tomato 46
Beau Rivage 25
Beeren-Freeze 58
Belfast Cooler 48
Berlenga 9
Berlin 52
Bitter Sweet 6
Blue Kontiki 19
Bombay 6
Borneo Gold 50
Bosom Caresser 54
Brave Ball 35
Bronx 14
Brunswick Cooler 48
Caipirinha 30
Campari Cocktail 8
Canaria 42
Carabineri 35
Cherry Blossom 18

Chicago Cooler 48
Cidre Cocktail 6
Cocoskiss 31
Con-Tico 36
Cynar Cocktail 5
Dubonnet Creme 5
Eiscreme-Soda 46
English Prince 29
Erdbeer-Kiwi-Bowle 38
Erdbeerdrink 52
Far West 23
Ferrari Cocktail 18
Florida Light 28
Florida Milk 44
Flying 13
French Connection 20
Fruchtsekt 10
Fruit-Fizz 53
Game 21
God Father 19
Goldene Bowle 61
Granito di Asperula 56
Grapefruit Highball 50
Green Love 20
Green Wonder 62
Greyhound 17
Haberfield 25
Hair Raiser 17
Holländer 46
Honeymoon 20
Honigflip 54
Jalapa 35
Jamaica Green 31
Juana 57
Karibischer Zauber 41

Kir Imperial II 10
Kiumquatbowle 40
Landtraum 46
Le Mans 17
Lemon Cooler 48
Limettensekt 13
Little Screwdriver 27
Looking At You 36
Margret Rose 10
Mai Tai 32
Malayendrink 50
Mandelmilch 44
Manhattan 14
Manhattan Dry 4
Maracuja-Freeze 58
Martini Dry 14
Martini Medium
 Cocktail 14
Martini Sweet 14
Maxim Cocktail 25
Milchshake »Karibik« 44
Mojito Light 26
Mokkamix 46
Morton's Special 17
Moscow Mule 17
Negroni 25
New Orleans Side Car 23
Nice Dreams 62
Night Cap 46
Obstsalatbowle 60
Ohio 10
Orange-Fizz 53
Orange-Freeze 59
Pepper Tonic 48
Pineappledrink 63

Pineappleflip 54
Pink Lady 22
Planter's Punch II 33
Prairie Oyster 54
Primavera 6
Proofless 48
Ritz 13
Rosenkavalier 43
Rubin 18
Rum Highball 36
Rum Sour 36
Rusty Nail 19
Sanddornflip 54
Schwarzwald-Flip 54
Slowly Wallbanger 27
Southern Trip 13
Suzie Wong 13
Sweet Pink Colada 28
Tango 44
Tequila Mary 35
Tequila Sunrise 35
Tom Collins 25
Tomate 9
Tomatenmilch 44
Tonic's Best 63
Tropenzauber 50
Tropical Cooler 57
Victor Laslo 26
Violeta 43
Vulcano 13
Whip 10
Whiskey Sour Light 29
White Lady 22
Zitronenbowle 60
Zitrus-Freeze 59

Dieses Buch gehört zu einer Kochbuchreihe, die die beliebtesten Themen aus dem Bereich Essen und Trinken aufgreift. Fragen Sie Ihren Buchhändler.

ISBN 3 8068 1292 6

© 1992/1993 by Falken-Verlag GmbH,
65527 Niedernhausen/Ts.
Die Verwertung der Texte und Bilder, auch auszugsweise, ist ohne Zustimmung des Verlags urheberrechtswidrig und strafbar. Dies gilt auch für Vervielfältigungen, Übersetzungen, Mikroverfilmung und für die Verarbeitung mit elektronischen Systemen.
Titelbild: Streiflicht Werbefotografie Monika Böckel, Norbert Schulz (Rezept »Berlin« und »Erdbeerdrink« Seite 52), alle anderen Fotos: FALKEN Archiv
Produktion: VerlagsService Dr. Helmut Neuberger & Karl Schaumann GmbH, Heimstetten
Satz: Fotosatz Völkl, Puchheim
Druck: Interdruck GmbH, Leipzig

817 2635 4453 62